Simplemente  Ciencia

Electricidad

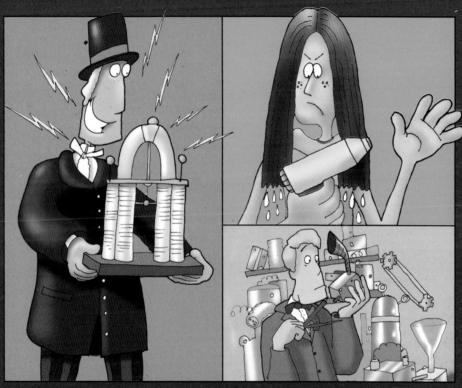

Felicia Law

Ilustraciones: Steve Boulter y Xact Studio

Gráficos: Karen Radford

everest

Simplemente Ciencia
Electricidad

Contenidos

¿Qué es la electricidad?

Quizá pienses que la electricidad es solo lo que enciende las luces o calienta la plancha. Sabes que circula por tu casa a través de cables y aparece cuando pulsas un interruptor. Pero la electricidad está mucho más extendida que eso: ¡está por todas partes! ¡En el aire y en el suelo, en cada objeto que te rodea y hasta en TI!

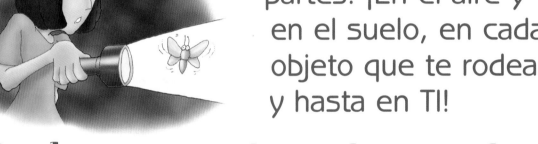

La electricidad está por todas partes y ayuda a:

iluminar los objetos...
calentar las cosas...
enviar mensajes...
alimentar vehículos...
que las máquinas funcionen.

La electricidad ilumina este carrusel ¡y lo alimenta para que gire!

La electricidad nos rodea

Si has presenciado una tormenta, habrás visto algún relámpago en el cielo. El rayo es una gran chispa eléctrica que se produce en el aire.

Tu cuerpo también está lleno de electricidad, ¡aunque no sea tan potente como la de un rayo! Tu corazón crea diminutos impulsos eléctricos que lo ayudan a latir. Tu cerebro también se vale de ella para enviar mensajes a todo tu cuerpo a través de los nervios.

Anguilas eléctricas

Las anguilas eléctricas tienen electricidad corporal, como todos los animales, pero ellas la utilizan como arma. Este pez se encuentra en los ríos Amazonas y Orinoco de Sudamérica. Con su energía eléctrica, aturde a sus presas y se libra de sus enemigos, de hecho ¡podría alimentar doce bombillas!

Los relámpagos bifurcados
describen este dibujo en el cielo.

El rayo

El rayo es una potente
chispa eléctrica que
surge en el cielo y que
es capaz de quemar el
suelo, provocar incendios
o matar a una persona
con su descarga.

El pararrayos es un conductor
metálico que se encarga
de alejar los rayos de
los edificios. Uno de sus
extremos se sujeta a la parte
superior del tejado y el otro
se entierra en el suelo.
El rayo que impacta en la
varilla superior baja por el
cable hasta quedar bajo tierra,
donde resulta inofensivo.

Electrones en movimiento

En todo lo que te rodea hay electricidad, porque todo contiene unas diminutas e invisibles partículas eléctricas llamadas electrones.

Los electrones no suelen fluir como fluye la electricidad, ellos tan solo dan vueltas alrededor del núcleo del átomo; pero por ciertos materiales se les puede empujar y hacer que ellos empujen a otros, creando así una corriente de electrones. Esta corriente se llama eléctrica.

átomo — electrón

Cada electrón contiene únicamente un poco de energía, y solo recorre una corta distancia cuando se le empuja. Pero en el interior de un cable o una pila, hay millones y millones de ellos. Por eso, cuando pulsas un interruptor, inicias una gran corriente de electrones.

Conductores

Los electrones se desplazan bien por cierto tipo de materiales, que se conocen como *conductores*. Uno de los mejores es el cobre, por eso muchos de los cables eléctricos de tu casa son de cobre.

Aislantes

Los electrones no pueden circular a través de otros materiales, que llamamos aislantes. El plástico es buen aislante, ya que detiene la corriente donde resultaría peligrosa. Los hilos de cobre se cubren con plástico para que no te hagan daño.

Electrones

Un electrón es una partícula diminuta de materia, y una de las partes del átomo. Todo se compone de átomos, y cada átomo tiene al menos un electrón, que gira alrededor de su centro (núcleo).

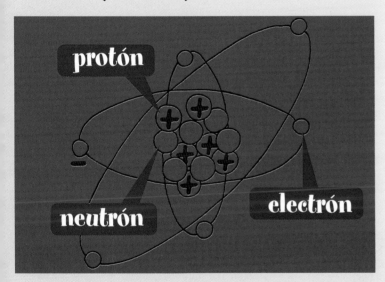

El átomo contiene tres tipos de partículas. Los neutrones están en el centro y no tienen carga eléctrica.

Los protones también están en el centro, o núcleo, y tienen carga positiva.

Los electrones giran alrededor del núcleo describiendo órbitas y tienen carga negativa.

Electricidad estática

Puedes ver cómo funciona la electricidad en la electricidad estática, un tipo de energía que se acumula cuando los electrones pasan de un objeto a otro, es decir, cuando uno gana electrones y el otro los pierde. Si peinas o cepillas tu cabello en un día seco, sentirás en él la electricidad estática, quizá hasta chisporrotee. Y a veces sentirás una descarga minúscula cuando toques algo metálico, como el picaporte de una puerta.

9

Sr. Voltio y Sr. Amperio

Se puede hacer una bombilla con dos cables unidos a una pila. Esta empuja los electrones por los cables y a través de la bombilla, que se ilumina. La fuerza de ese empuje se mide en voltios. Cuantos más voltios tiene la pila, más fuerte es el empuje.

¡V es de voltio!

El voltio, cuyo símbolo es V, es una unidad de medida. El voltaje se mide con un voltímetro. Los que se suministran a una casa están entre los 110 y los 230 V.

La palabra *voltio* proviene del nombre del inventor de la primera pila: el italiano Alessandro Volta. Logró su invento al introducir cobre y cinc en agua salada, porque la reacción entre el agua y los dos metales produce energía eléctrica.

Pilas

Las pilas modernas se fabrican introduciendo capas de sustancias químicas en un contenedor de metal. Cuando la pila empieza a funcionar, algunas de esas sustancias se liberan y corroen el metal. Ese cambio en el contenedor crea una corriente eléctrica que sale de la pila.

¡A es de amperio!

El amperio, cuyo símbolo es A, es la unidad con la que se mide una corriente eléctrica. Una corriente de medio amperio ilumina una bombilla normal. ¡1 amperio = al paso de unos 6 trillones de electrones por segundo!

El amperímetro es un aparato que sirve para medir la intensidad de una corriente eléctrica en amperios.

La palabra *amperio* proviene del nombre del científico francés que inventó un modo de medir la corriente, André Marie Ampère.

André Marie Ampère fue un matemático brillante. Junto con otros científicos, demostró que una corriente eléctrica producía automáticamente un campo magnético. Y, lo que es más, ayudó a demostrar que se podía crear una fuerza magnética por medio de la electricidad. Esta fuerza se llamó electromagnetismo.

Electromagnetismo

El electroimán consta de una barra de hierro rodeada por una bobina de cable. La barra funciona como un imán cuando se hace pasar una corriente eléctrica por el cable. Al interrumpir la corriente, el electroimán pierde su magnetismo.

Cómo funciona un imán

Se puede hacer un imán con una barra de un material, como el hierro, que atrae otros objetos que contengan hierro. Los imanes producen una fuerza conocida como campo magnético. Mediante este campo, el imán atrae y repele otros metales.

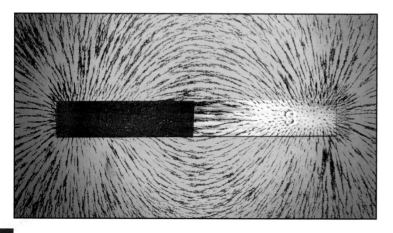

El generador

Si se hace girar un imán en el interior de una bobina de cable, su campo magnético provoca una corriente eléctrica que fluye por el cable. Un gran imán introducido en una gran bobina crea una corriente muy fuerte. Así se genera electricidad en las centrales eléctricas.

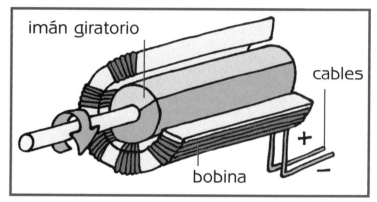

imán giratorio

cables

bobina

El motor eléctrico

Si ya pasa una corriente eléctrica por la bobina, entonces la corriente provoca la rotación del imán, porque los polos de este son atraídos por la carga eléctrica de los cables. El eje unido al imán también rota ¡y sirve para girar una rueda o un ventilador! Esta máquina se llama motor eléctrico.

Cómo funcionan los electroimanes

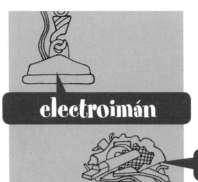

1. El electroimán, que cuelga del gancho de una grúa, se baja hacia el montón de chatarra.

electroimán

chatarra

2. Se da la corriente y el electroimán actúa como un potente imán que atrae la chatarra.

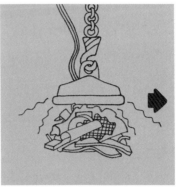

3. La grúa sube su carga y la lleva a otro sitio.

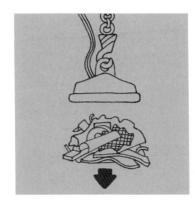

4. Se corta la corriente, el imán pierde su fuerza de atracción y la chatarra cae al suelo.

En las chatarrerías se transportan los pedazos grandes de metal con enormes electroimanes.

Movido por electricidad

Los motores eléctricos pueden alimentar cualquier tipo de máquina. Al motor se le suministra electricidad por medio de pilas o conectándolo a la red.

Los vehículos como las locomotoras eléctricas, los tranvías o los autos de choque (o chocones) solo se mueven si están conectados a un circuito. Por ello se sirven de una base especial o de una barra superior para tomar la corriente.

El pantógrafo, como el que lleva este tranvía en el techo, roza los cables aéreos.

La velocidad del tren se cambia con un instrumento llamado reostato.

Tipos de corrientes eléctricas

La corriente alterna (CA) se comporta de una forma especial. Aumenta, se debilita y después cambia de dirección muchas veces por segundo. Esta es la corriente que producen los generadores y, por tanto, la que se suministra a las casas.

La corriente directa (CD) fluye siempre en el mismo sentido. Este tipo es el que sale de las pilas.

En la central eléctrica

Casi toda la electricidad de nuestra casa se genera en las centrales eléctricas.

En la central térmica, grandes ruedas llamadas turbinas rotan gracias a la fuerza del vapor. Las ruedas constan de paletas curvas y, cuando rotan, giran un eje conectado al generador. Este produce energía eléctrica, y un transformador dota a la electricidad del voltaje correcto para enviarla a las casas por torres de alta tensión.

Esta turbina gira debido al vapor caliente que golpea sus paletas.

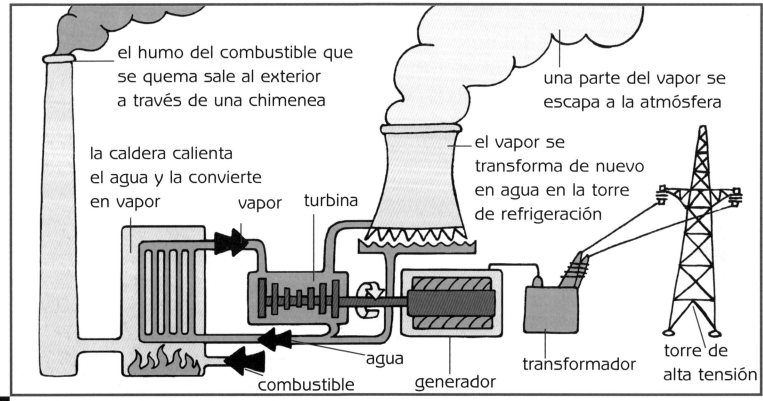

el humo del combustible que se quema sale al exterior a través de una chimenea

una parte del vapor se escapa a la atmósfera

la caldera calienta el agua y la convierte en vapor

el vapor se transforma de nuevo en agua en la torre de refrigeración

vapor

turbina

agua

combustible

generador

transformador

torre de alta tensión

Centrales hidroeléctricas

Algunas centrales no utilizan el vapor para girar las turbinas, sino el agua que circula a gran velocidad al caer por tuberías desde la parte superior de un embalse. El agua empuja las paletas de la turbina, generando electricidad.

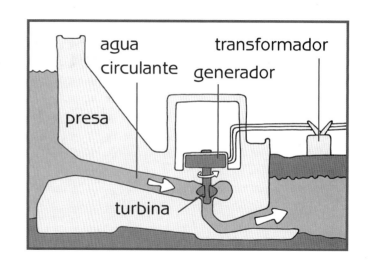

¡Las presas pueden ser inmensas! Esta es la Hoover, de EE. UU., que mide 221 m de alto y 379 de ancho. La presa ha formado el lago Mead, uno de los mayores debidos al ser humano.

El suministro

Una vez que la electricidad se genera en la central, se debe llevar hasta tu casa. Eso se consigue mediante un sistema de cables subterráneos y aéreos conocido como red de suministro eléctrico.

La electricidad se transporta desde las centrales donde se genera hasta los pueblos y ciudades. A veces pasa por el campo, a través de cables aéreos sostenidos por torres de alta tensión.

Las torres de alta tensión son de acero, y los cables cuelgan de aislantes de vidrio. Estos aislantes evitan que la corriente baje por la torre y dañe a alguien.

Red de suministro eléctrico

La electricidad sale de la central eléctrica con un voltaje, o tensión, muy alto. Recorre el campo sobre torres que también tienen una tensión alta.

La central eléctrica se sirve de carbón, combustible, gas o energía nuclear para calentar el agua.

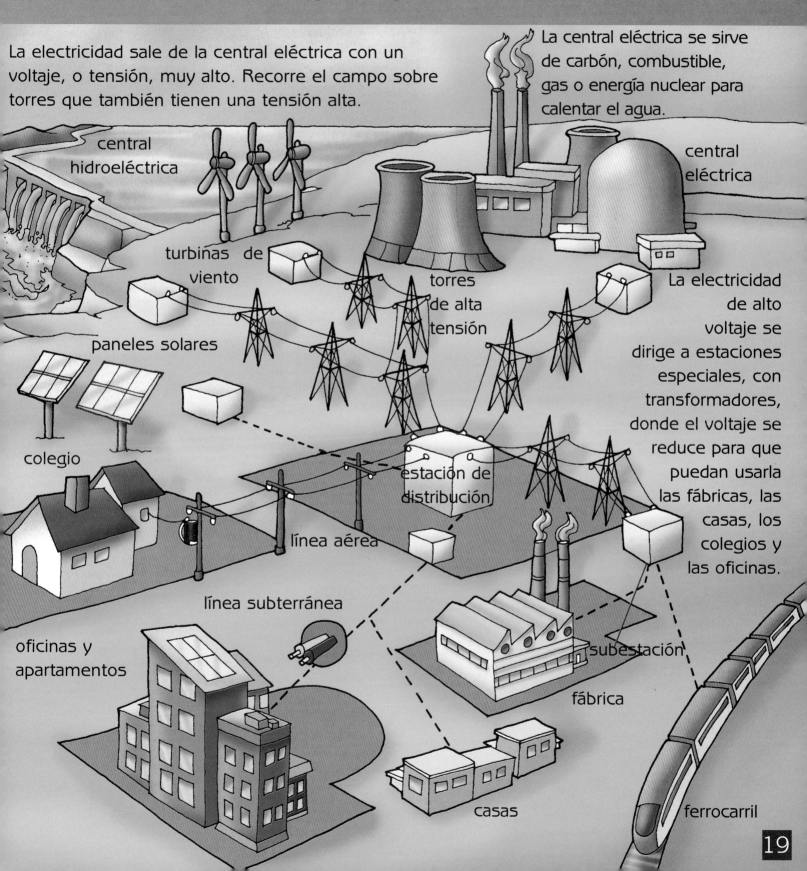

central hidroeléctrica

central eléctrica

turbinas de viento

torres de alta tensión

paneles solares

La electricidad de alto voltaje se dirige a estaciones especiales, con transformadores, donde el voltaje se reduce para que puedan usarla las fábricas, las casas, los colegios y las oficinas.

colegio

estación de distribución

línea aérea

línea subterránea

oficinas y apartamentos

subestación

fábrica

casas

ferrocarril

19

Que sea seguro

Cuando la electricidad llega a tu casa, entra por el cable principal de suministro, que se conecta a una caja de fusibles situada dentro de tu casa. De ella salen los cables que atraviesan el interior de paredes, suelos y techos y acaban en los interruptores y los enchufes. Como sabes, estos puedes usarlos sin peligro para iluminar una habitación, poner la tele o calentar un horno.

Cuando instalan el cableado de tu casa, se sirven de conexiones y circuitos especiales para que la electricidad la uses sin riesgo. Pero si está mal puede ser muy peligroso. ¡Si dos conductores no neutros se tocan, habrá un cortocircuito!

¡CUIDADO, CORTOCIRCUITO!

Si la envoltura de plástico que protege los conductores del cable se estropea, permitirá que ambos se toquen. Entonces la corriente eléctrica pasará de uno a otro. Esto se llama cortocircuito, y es peligroso. Los conductores se recalentarían o despedirían chispas, pudiendo causar un incendio.

No arrojes NUNCA agua al fuego causado por una avería eléctrica. ¡El agua conduce la electricidad!

ATENCIÓN

¡Los cables eléctricos son peligrosos! NO JUEGUES NUNCA con las tomas de corriente (enchufes) ni con los cables, ni los toques con las manos húmedas. ¡Una descarga eléctrica podría matarte!

Para cortar la corriente

Fusible

El fusible es una pieza metálica muy pequeña que forma parte del circuito eléctrico. Si hay demasiada corriente, se calienta hasta fundirse y la interrumpe.

Cortacircuitos

El cortacircuitos es un tipo de interruptor. Está conectado al circuito eléctrico para interrumpir la corriente si es excesiva.

Cable neutro

El cable neutro se encuentra en la mayoría de los cables. Forma parte de la instalación eléctrica de una casa y de los cables de los electrodomésticos. Si hay una avería, el neutro desvía la corriente a tierra.

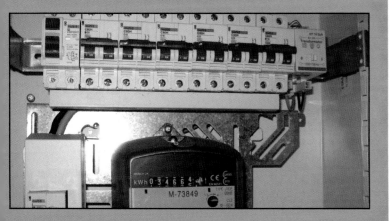

Caja de fusibles situada sobre un contador. Cada zona de la casa está protegida por un fusible independiente. El contador de la luz mide la electricidad consumida.

El interruptor sirve para abrir o cerrar un circuito eléctrico.

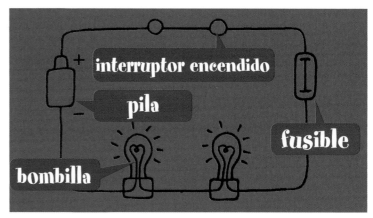

Este es un circuito en serie: la electricidad pasa por todas las partes, una detrás de otra.

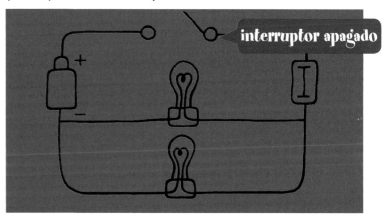

Este es un circuito en paralelo: la electricidad pasa por distintas partes del circuito al mismo tiempo.

Dentro del cable

La mayoría de los cables que ves en tu casa contienen otros tres en su interior. Uno suele ser marrón y transporta la corriente desde la caja de fusibles, este se llama cable vivo. El azul devuelve la corriente a la caja, para completar el circuito. El de rayas verdes y amarillas es el neutro, o de tierra.

A calentar

Mientras los electrones circulan por un alambre fino, emiten energía en forma de calor. Ello se debe a que chocan unos contra otros y contra los átomos del alambre, y este emite calor.

Estufas, planchas, cafeteras, tostadoras, secadores de pelo… todos se calientan igual. Cuando los enciendes, la corriente pasa por un alambre fino. Este alambre suele ser de un material llamado tungsteno, que es buen conductor y se calienta al actuar como tal.

tostador

secador

hervidora de agua

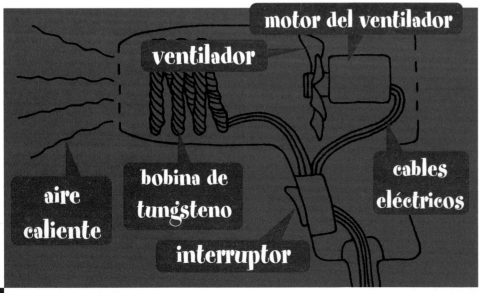

motor del ventilador

ventilador

aire caliente

bobina de tungsteno

interruptor

cables eléctricos

lavadora

plancha

quemador eléctrico

El kilovatio

El kilovatio es una unidad que mide la potencia de un aparato eléctrico. Un kilovatio equivale a 1 000 vatios.

Esta estufa tiene una potencia de 3 kilovatios.

Tungsteno

El tungsteno es un metal muy duro. Conforma las bobinas que calientan muchos aparatos eléctricos, sobre todo aquellos que alcanzan gran temperatura. El tungsteno tiene uno de los puntos de fusión más altos, nada menos que 3 410 °C, y es el metal más fuerte frente a temperaturas superiores a 1 650 grados. Mezclado con acero, ¡se fortalece aún más!

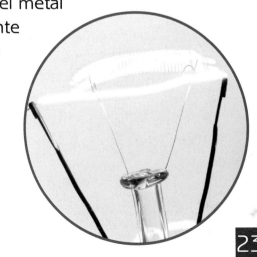

Encendamos la luz

Thomas Alva Edison, un inventor estadounidense, creció en un mundo de hogares iluminados por lámparas de gas y velas. ¡En aquellos días no podías dar luz a una casa tocando a un interruptor!

Una idea brillante

1. Edison era un joven brillante que acababa de llegar a la ciudad de Nueva York. Tenía muchas ideas... muchos inventos que cambiarían la vida de la gente.

2. A consecuencia de una infección, Edison se quedó sordo e inventó aparatos para la gente sorda. También mejoró los dispositivos telegráficos. De hecho, inventó más de mil cosas durante su vida.

Bombillas de bajo consumo

Las modernas bombillas de bajo consumo gastan la quinta parte de la energía que las estándar y duran hasta 15 veces más, por lo que ahorran mucha energía. Son en realidad pequeñas lámparas fluorescentes. La energía que reciben con el encendido inflama el gas de su interior, que a su vez hace brillar el fósforo que reviste la cara interna.

3. Pero lo que le dio fama fue la bombilla. Ideó un globo de vidrio que no se fundía con el calor de un incandescente filamento interno. El truco estaba en sacar el aire atrapado dentro del globo, creando un vacío.

4. Cuando la corriente atravesaba el filamento de carbón, este se calentaba y alumbraba; la bombilla se encendía y apagaba con un interruptor.

Alimentando chismes

Es probable que no pudieras vivir sin electricidad. Los hogares modernos dependen de ella para iluminar, calentar, cocinar, lavar... y alimentar un montón de chismes útiles, sobre todo los que entretienen.

¡Cambios sencillos!

Abrelatas eléctrico
Solo necesitas una mano y cierta fuerza muscular.

Plancha
Lleva ropa que no se arrugue o extiéndela debajo del colchón por la noche.

Secador
Agita el cabello y sécate con una toalla. ¡En cualquier caso es más sano para él!

¡Sin luz!

¡Oh, cielos! Han cortado el suministro y no llega electricidad a tu casa. ¿Qué harías tú? Tendrías que recordar los tiempos en que la gente se las arreglaba sin energía eléctrica.

No hay estufas, así que habría que cortar leña y encender la chimenea. También están las estufas que funcionan con gasóleo.

¿Se pudre la comida en la nevera? Habrá que hacer la compra a diario y consumirla en el día.

La luz se ha ido. Hay que buscar unas velas, pero ten cuidado con las llamas.

Ponte las pilas
Aunque te quedes sin luz, puedes seguir usando los aparatos que funcionen con la electricidad almacenada en… las pilas.

Habrá que abrigarse con prendas de lana y calcetines largos.

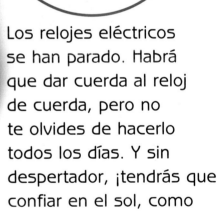

Los relojes eléctricos se han parado. Habrá que dar cuerda al reloj de cuerda, pero no te olvides de hacerlo todos los días. Y sin despertador, ¡tendrás que confiar en el sol, como tus antepasados!

¡No hay tele! ¿Qué hacían tus abuelos de pequeños? Leer libros, representar funciones de guiñol, jugar por la casa y, en general, divertirse un montón.

¡Adiós, ordenador! Te tocará hacer los deberes a mano… Vete pensando en ir a la biblioteca y sacar libros de consulta.

La electricidad del futuro

La electricidad nos parece algo natural, pero hace un siglo la gente vivía sin ella. ¡Y se desenvolvían bien! ¡En general, sí! Quemaban madera como combustible para calentarse y cocinar. Se valían de la energía del viento y del agua para alimentar sus máquinas, y encendían velas para iluminar sus casas.

Hoy los científicos nos advierten de que deberíamos volver a aquellos tiempos. No solo porque nuestras reservas de petróleo se están agotando, sino porque ese tipo de combustible hace daño al planeta.

Energía solar

Con los paneles solares se puede cambiar la energía solar en energía eléctrica. Son especialmente útiles en lugares remotos ¡y en los satélites artificiales!

Energía eólica

Se genera sobre todo en las granjas eólicas, donde la fuerza del viento mueve las paletas de turbina que sostienen altos postes.
A gran escala proporcionan electricidad para las redes eléctricas nacionales, mientras que las pequeñas turbinas individuales pueden generarla para un solo edificio.

Esta central geotérmica de Wairakei, en Nueva Zelanda, ¡produce más del 4% de la electricidad del país!

¡La energía de la cuerda!

Esta radio "de cuerda" lleva en su interior un generador pequeño: cuando se le "da cuerda" ¡se acumula la energía necesaria para que funcione unos 30 min.!

Energía geotérmica

Este tipo de energía procede del calor de la corteza terrestre. Si el agua interna sale disparada en forma de vapor, la fuerza de este se utiliza para mover turbinas y generar electricidad. Si el agua no sale, se puede bombear hasta la superficie y conducirla a las casas por tuberías que las caldeen.

Prueba de electricidad

1. ¿Qué diminutas partículas atómicas transportan electricidad?

_____

2. ¿Quién inventó la primera pila del mundo?

_____

3. ¿Qué rasgo de la electricidad se mide en amperios?

_____

4. ¿Qué le pasa a un electroimán cuando lo conectas?

_____

5. ¿Qué tipo de corriente cambia de sentido varias veces por segundo?

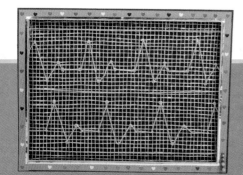

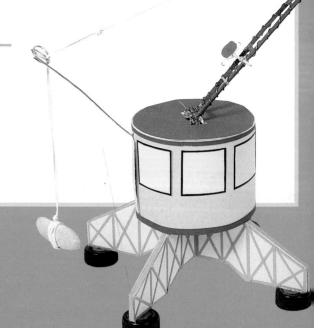

6. ¿Qué parte de una central eléctrica gira el imán del generador?

_____

7. ¿Qué tipo de energía se genera con una presa?

_____

8. ¿Qué pasa cuando se funde un fusible?

_____

9. ¿Qué metal tiene un punto de fusión de 3 410 °C?

_____

10. ¿Qué importante dispositivo eléctrico ideó Thomas Alva Edison?

1. Los electrones 2. Alessandro Volta 3. La intensidad de corriente 4. ¡Se vuelve magnético! 5. La alterna 6. La turbina 7. Hidroeléctrica 8. Se corta la corriente 9. El tungsteno 10. La bombilla

Índice